Szkoła - Schule	2
Podróż - Reise	5
Transport - Transport	8
Miasto - Stadt	10
Krajobraz - Landschaft	14
Restauracja - Restaurant	17
Supermarket - Supermarkt	20
Napoje - Getränke	22
Jedzenie - Essen	23
Gospodarstwo chłopskie - Bauernhof	27
Dom - Haus	31
Pokój dzienny - Wohnzimmer	33
Kuchnia - Küche	35
Łazienka - Badezimmer	38
Pokój dziecięcy - Kinderzimmer	42
Ubiór - Kleidung	44
Biuro - Büro	49
Gospodarka - Wirtschaft	51
Zawody - Berufe	53
Narzędzia - Werkzeuge	56
Instrumenty muzyczne - Musikinstrumente	57
Zoo - Zoo	59
Sport - Sport	62
Działania - Aktivitäten	63
Rodzina - Familie	67
Ciało - Körper	68
Szpital - Krankenhaus	72
Nagły przypadek - Notfall	76
Ziemia - Erde	77
Zegar - Uhr	79
Tydzień - Woche	80
Rok - Jahr	81
Kształty - Formen	83
Kolory - Farben	84
Przeciwieństwa - Gegenteile	85
Liczby - Zahlen	88
Języki - Sprachen	90
kto / co / jak - wer / was / wie	91
gdzie - wo	92

Impressum
Verlag: BABADADA GmbH, Nedderfeld 112 , 22529 Hamburg
Geschäftsführer / Verlagsleitung: Harald Hof
Druck: Books on Demand GmbH, In de Tarpen 42, 22848 Norderstedt

Imprint
Publisher: BABADADA GmbH, Nedderfeld 112 , 22529 Hamburg, Germany
Managing Director / Publishing direction: Harald Hof
Print: Books on Demand GmbH, In de Tarpen 42, 22848 Norderstedt, Germany

Szkoła
Schule

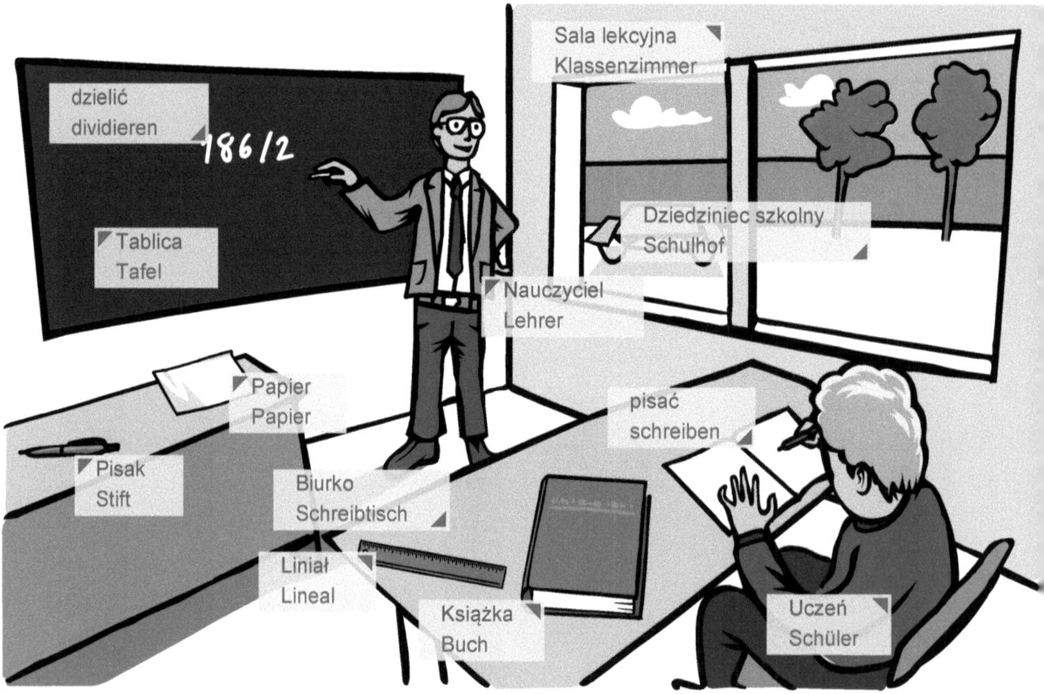

Sala lekcyjna
Klassenzimmer
dzielić
dividieren
186/2
Dziedziniec szkolny
Schulhof
Tablica
Tafel
Nauczyciel
Lehrer
Papier
Papier
pisać
schreiben
Pisak
Stift
Biurko
Schreibtisch
Liniał
Lineal
Książka
Buch
Uczeń
Schüler

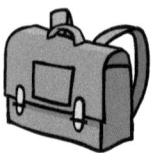

Plecak szkolny
Ranzen

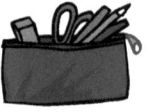

Piórnik
Federmappe

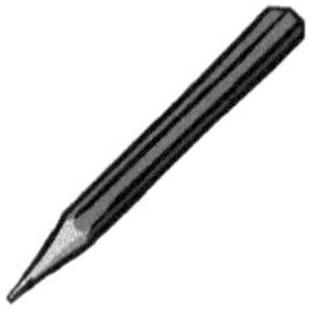

Ołówek
Bleistift

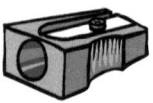

Temperówka
Bleistiftanspitzer

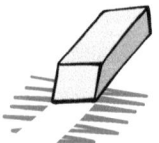

Gumka do mazania
Radiergummi

Blok rysunkowy
Zeichenblock

Rysunek

Zeichnung

Pędzel

Pinsel

Pudełko z akwarelami

Malkasten

Nożyce

Schere

Klej

Klebstoff

Książka do ćwiczenia

Übungsheft

Zadanie domowe

Hausaufgabe

12

Liczba

Zahl

2+2

dodawać

addieren

5-2

odejmować

subtrahieren

2×2

mnożyć

multiplizieren

liczyć

rechnen

Litera

Buchstabe

ABCDEFG HIJKLMN OPQRSTU VWXYZ

Alfabet

Alphabet

Słowo

Wort

Tekst

Text

czytać

lesen

Kreda

Kreide

Godzina

Stunde

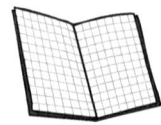

Dziennik lekcyjny

Klassenbuch

Egzamin

Prüfung

Świadectwo

Zeugnis

Mundurek szkolny

Schuluniform

Wykształcenie

Ausbildung

Leksykon

Lexikon

Uniwersytet

Universität

Mikroskop

Mikroskop

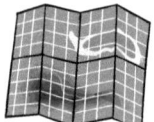

Mapa

Karte

Kosz na odpadki

Papierkorb

Ile kosztuje ...?

Was kostet...?

Nie rozumiem

Ich verstehe nicht

Problem

Problem

Dobry wieczór!

Guten Abend!

Dzień dobry!

Guten Morgen!

Dobranoc!

Gute Nacht!

Do widzenia

Auf Wiedersehen

Kierunek

Richtung

Bagaż

Gepäck

Torba

Tasche

Plecak

Rucksack

Gość

Gast

Pokój

Zimmer

Śpiwór

Schlafsack

Namiot

Zelt

Informacja turystyczna

Touristeninformation

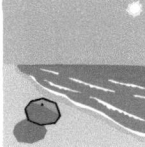

Plaża

Strand

Karta kredytowa

Kreditkarte

Śniadanie

Frühstück

Obiad

Mittagessen

Kolacja

Abendessen

Bilet

Fahrkarte

Winda

Fahrstuhl

Znaczek na list

Briefmarke

Granica

Grenze

Cło

Zoll

Ambasada

Botschaft

Wiza

Visum

Paszport

Pass

Transport
Transport

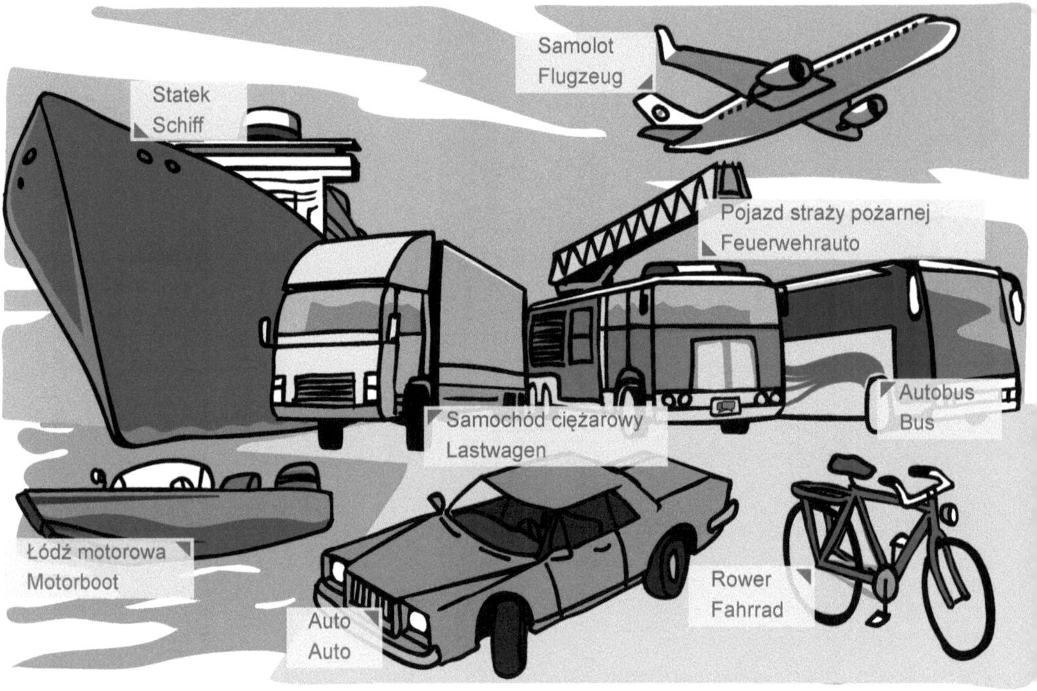
Samolot
Flugzeug
Statek
Schiff
Pojazd straży pożarnej
Feuerwehrauto
Autobus
Bus
Samochód ciężarowy
Lastwagen
Łódź motorowa
Motorboot
Rower
Fahrrad
Auto
Auto

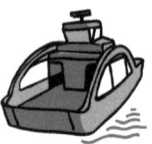

Prom

Fähre

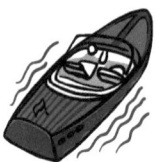

Łódź

Boot

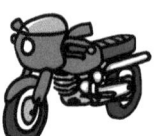

Motocykl

Motorrad

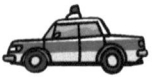

Radiowóz policyjny

Polizeiauto

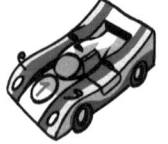

Samochód wyścigowy

Rennauto

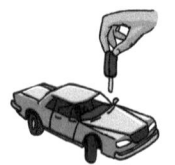

Samochód wypożyczony

Mietwagen

Wspólne przejazdy
samochodem
Carsharing

Samochód pomocy
drogowej
Abschleppwagen

Śmieciarka

Müllauto

Silnik

Motor

Benzyna

Kraftstoff

Stacja benzynowa

Tankstelle

Znak drogowy

Verkehrsschild

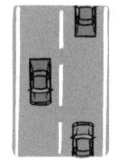

Ruch

Verkehr

Korek

Stau

Parking

Parkplatz

Dworzec

Bahnhof

Szyny

Schienen

Pociąg

Zug

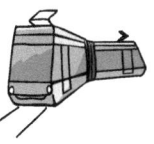

Tramwaj

Straßenbahn

Wagon

Wagon

Helikopter

Helikopter

Lotnisko

Flughafen

Wieża

Tower

Pasażer

Passagier

Kontener

Container

Karton

Karton

Taczka

Karren

Kosz

Korb

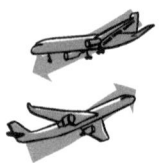

startować / lądować

starten / landen

Miasto
Stadt

Wieś

Dorf

Centrum miasta

Stadtzentrum

Dom

Haus

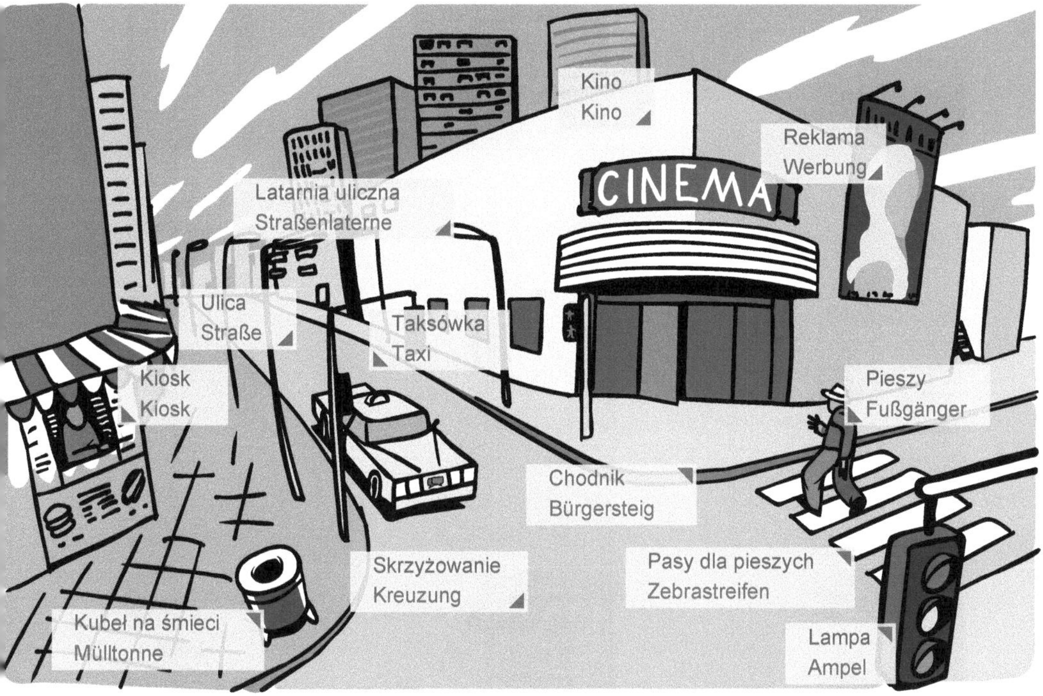

Kino
Kino

Reklama
Werbung

Latarnia uliczna
Straßenlaterne

CINEMA

Piezy
Fußgänger

Ulica
Straße

Taksówka
Taxi

Kiosk
Kiosk

Chodnik
Bürgersteig

Skrzyżowanie
Kreuzung

Pasy dla pieszych
Zebrastreifen

Kubeł na śmieci
Mülltonne

Lampa
Ampel

Chata
Hütte

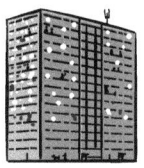

Mieszkanie
Wohnung

Dworzec
Bahnhof

Ratusz
Rathaus

Muzeum
Museum

Szkoła
Schule

Uniwersytet

Universität

Bank

Bank

Szpital

Krankenhaus

Hotel

Hotel

Apteka

Apotheke

Biuro

Büro

Księgarnia

Buchhandlung

Sklep

Geschäft

Kwiaciarnia

Blumenladen

Supermarket

Supermarkt

Rynek

Markt

Dom towarowy

Kaufhaus

Sklep z rybami

Fischhändler

Centrum handlowe

Einkaufszentrum

Port

Hafen

Park

Park

Ławka

Bank

Most

Brücke

Schody

Treppe

Metro

U-Bahn

Tunel

Tunnel

Przystanek autobusowy

Bushaltestelle

Bar

Bar

Restauracja

Restaurant

Skrzynka na listy

Briefkasten

Tabliczka z nazwą ulicy

Straßenschild

Parkometr

Parkuhr

Zoo

Zoo

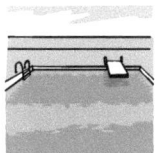

Łaźnia

Badeanstalt

Meczet

Moschee

Gospodarstwo chłopskie
Bauernhof

Zanieczyszczenie
środowiska
Umweltverschmutzung

Cmentarz
Friedhof

Kościół
Kirche

Plac zabaw
Spielplatz

Świątynia
Tempel

Krajobraz
Landschaft

Liść
Blatt

Drogowskaz
Wegweiser

Droga
Weg

Łąka
Wiese

Kamień
Stein

Drzewo
Baum

Wędrowiec
Wanderer

Rzeka
Fluss

Trawa
Gras

Kwiat
Blume

Dolina

Tal

Góra

Berg

Jezioro

See

Las

Wald

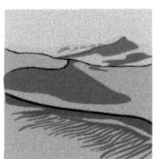

Pustynia

Wüste

Wulkan

Vulkan

Zamek

Schloss

Tęcza

Regenbogen

Grzyb

Pilz

Palma

Palme

Komar

Moskito

Mucha

Fliege

Mrówka

Ameise

Pszczoła

Biene

Pająk

Spinne

Chrząszcz

Käfer

Żaba

Frosch

Wiewiórka

Eichhörnchen

Jeż

Igel

Zając

Hase

Sowa

Eule

Ptak

Vogel

Łabędź

Schwan

Dzik

Wildschwein

Jeleń

Hirsch

Łoś

Elch

Tama

Staudamm

Wiatrak

Windrad

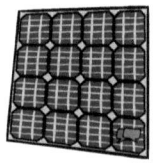

Moduł solarny

Solarmodul

Klimat

Klima

Kelner
Kellner

Menu
Speisekarte

Krzesło
Stuhl

Zupa
Suppe

Pizza
Pizza

Obrus
Tischdecke

Sztućce
Besteck

Przystawka
....
Vorspeise

Danie główne
....
Hauptgericht

Deser
....
Nachspeise

Napoje
....
Getränke

Jedzenie
....
Essen

Butelka
....
Flasche

Fastfood

Fastfood

Streetfood

Streetfood

Dzbanek na herbatę

Teekanne

Cukierniczka

Zuckerdose

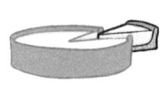

Porcja

Portion

Zaparzarka do espresso

Espressomaschine

Krzesło dla dziecka

Hochstuhl

Rachunek

Rechnung

Taca

Tablett

Noż

Messer

Widelec

Gabel

Łyżka

Löffel

Łyżeczka

Teelöffel

Serwetka

Serviette

Szklanka

Glas

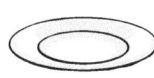

Talerz

Teller

Talerz do zupy

Suppenteller

Podstawek pod filiżankę

Untertasse

Sos

Sauce

Solniczka

Salzstreuer

Młynek do pieprzu

Pfeffermühle

Ocet

Essig

Olej

Öl

Przyprawy

Gewürze

Keczup

Ketchup

Musztarda

Senf

Majonez

Mayonnaise

Supermarket
Supermarkt

Oferta
Angebot
FOR
Klient
Kunde
Produkty mleczne
Milchprodukte
Owoce
Obst
Wózek sklepowy
Einkaufswagen

BUTCHERS

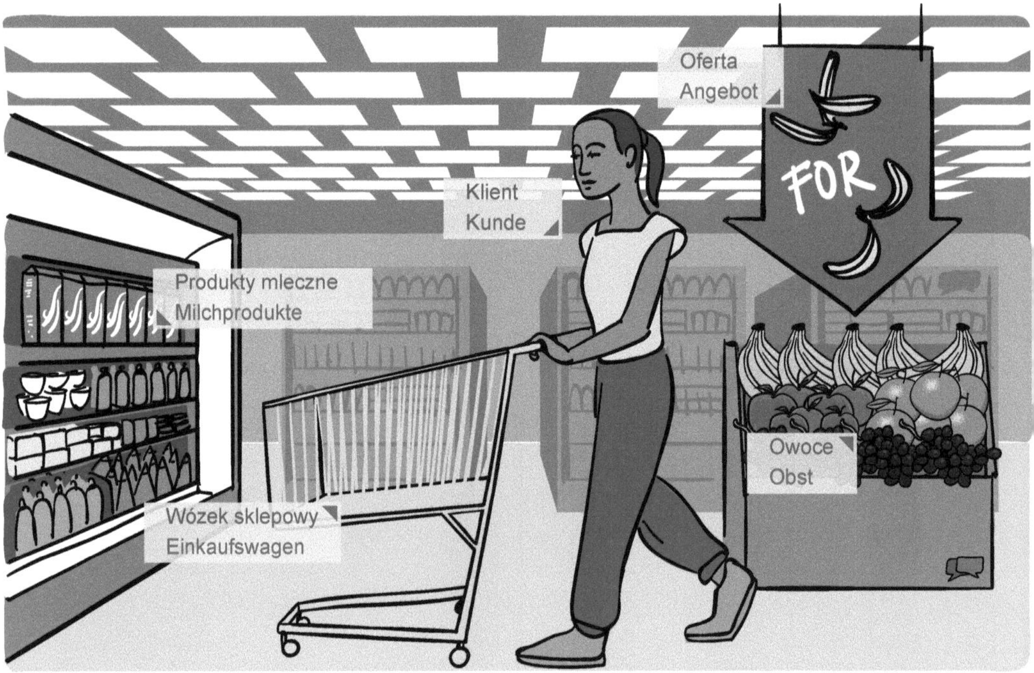

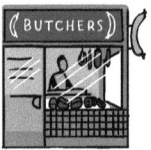

Rzeźnia

Schlachterei

BAKERY

Piekarnia

Bäckerei

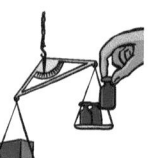

ważyć

wiegen

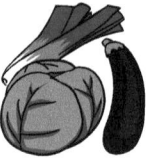

Warzywa

Gemüse

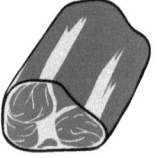

Mięso

Fleisch

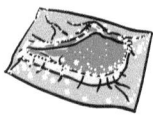

Mrożonki

Tiefkühlkost

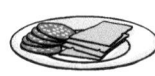

Wędliny

Aufschnitt

Konserwy

Konserven

Proszek m do prania

Waschmittel

Słodycze

Süßigkeiten

Artykuły użytku domowego

Haushaltsartikel

Środek czyszczący

Reinigungsmittel

Sprzedawczyni

Verkäuferin

Kasa

Kasse

Kasjer

Kassierer

Lista zakupów

Einkaufsliste

Godziny otwarcia

Öffnungszeiten

Portfel

Brieftasche

Karta kredytowa

Kreditkarte

Torba

Tasche

Torebka plastikowa

Plastiktüte

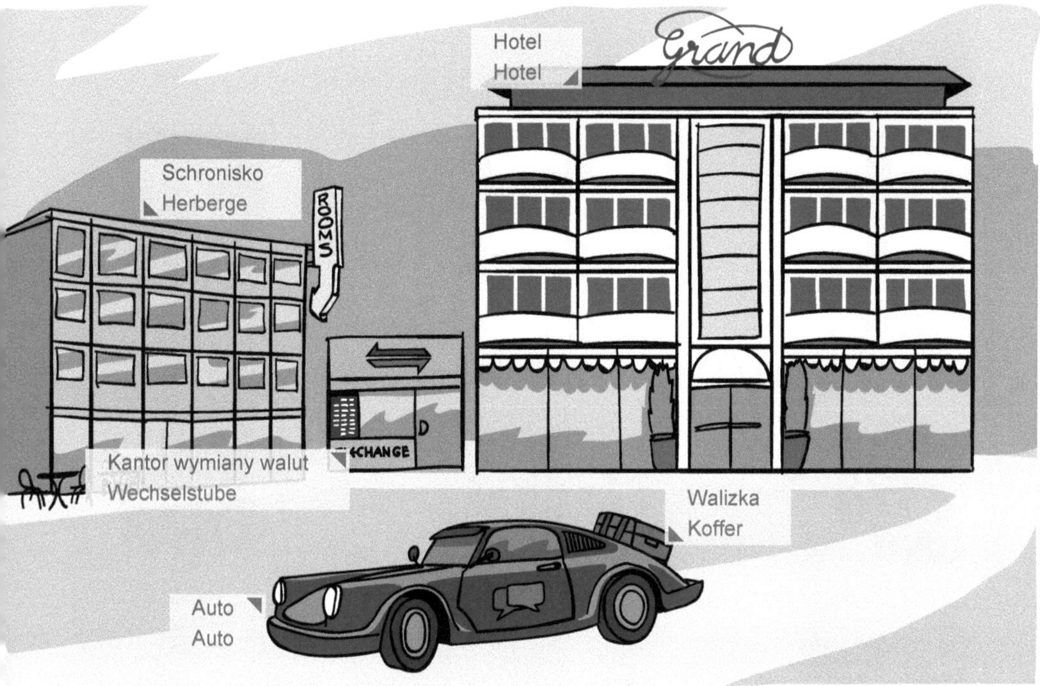

Hotel
Hotel
Grand
Schronisko
Herberge
ROOMS
Kantor wymiany walut
Wechselstube
Walizka
Koffer
Auto
Auto

Język
Sprache

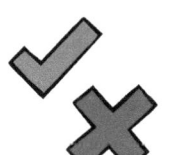

tak / nie
ja / nein

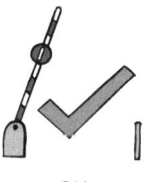

OK
Okay

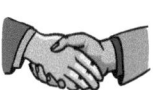

Halo
Hallo

Tłumacz
Übersetzer

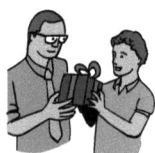

Dziękuję
Danke

Woda

Wasser

Sok

Saft

Mleko

Milch

Cola

Cola

Wino

Wein

Piwo

Bier

Alkohol

Alkohol

Kakao

Kakao

Herbata

Tee

Kawa

Kaffee

Espresso

Espresso

Cappuccino

Cappuccino

Banan

Banane

Jabłko

Apfel

Pomarańcza

Orange

Arbuz

Melone

Cytryna

Zitrone

Marchew

Karotte

Czosnek

Knoblauch

Bambus

Bambus

Cebula

Zwiebel

Grzyb

Pilz

Orzechy

Nüsse

Makaron

Nudeln

Spaghetti

Spaghetti

Ryż

Reis

Sałatka

Salat

Frytki

Pommes frites

Ziemniaki pieczone

Bratkartoffeln

Pizza

Pizza

Hamburger

Hamburger

Kanapka

Sandwich

Sznycel

Schnitzel

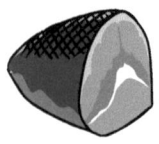

Szynka

Schinken

Salami

Salami

Kiełbasa

Wurst

Kura

Huhn

Pieczeń

Braten

Ryba

Fisch

Płatki owsiane

Haferflocken

Musli

Müsli

Płatki kukurydziane

Cornflakes

Mąka

Mehl

Croissant

Croissant

Bułka

Brötchen

Chleb

Brot

Toast

Toast

Ciastka

Kekse

Masło

Butter

Twarożek

Quark

Ciasto

Kuchen

Jajko

Ei

Jajko sadzone

Spiegelei

Ser

Käse

Lody

Eiscreme

Cukier

Zucker

Miód

Honig

Marmolada

Marmelade

Krem nugatowy

Nougat-Creme

Curry

Curry

Gospodarstwo chłopskie
Bauernhof

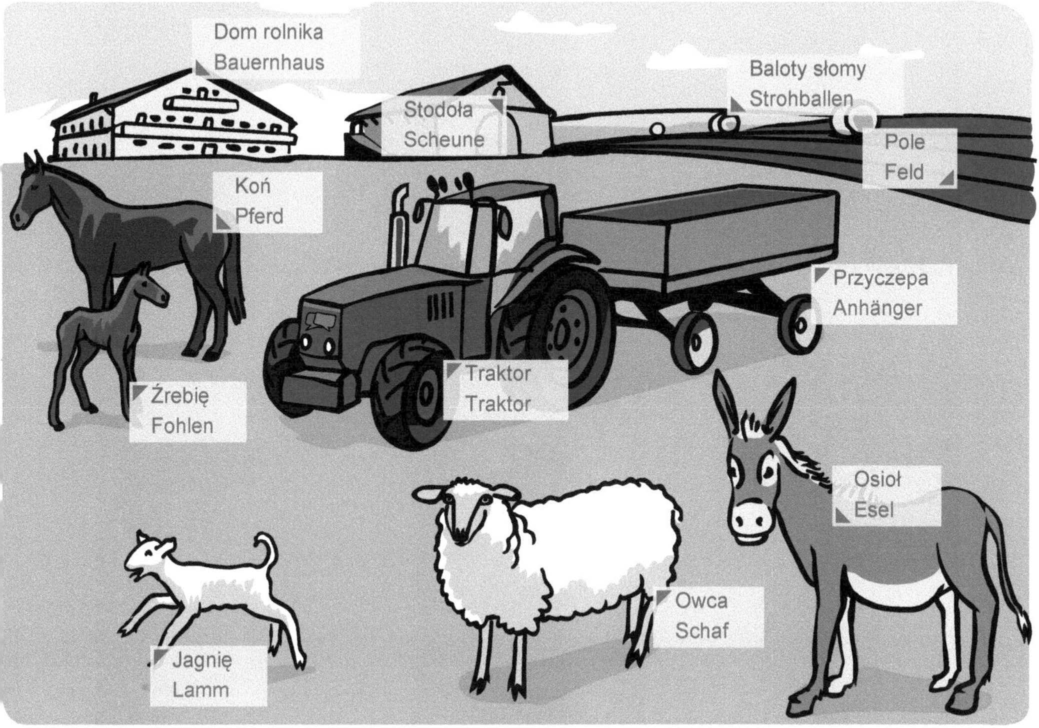

Dom rolnika
Bauernhaus
Stodoła
Scheune
Baloty słomy
Strohballen
Pole
Feld
Koń
Pferd
Przyczepa
Anhänger
Traktor
Traktor
Źrebię
Fohlen
Osioł
Esel
Owca
Schaf
Jagnię
Lamm

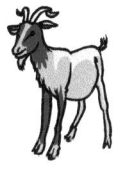

Koza

Ziege

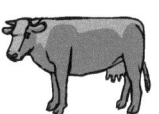

Krowa

Kuh

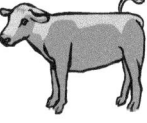

Cielę

Kalb

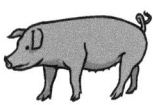

Świnia

Schwein

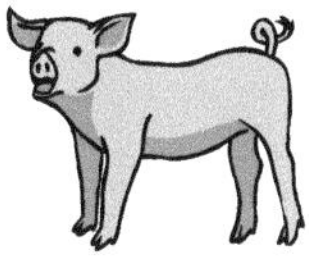

Prosię

Ferkel

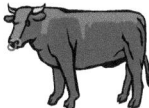

Byk

Bulle

Gęś

Gans

Kaczka

Ente

Kurczątko

Küken

Kura

Huhn

Kogut

Hahn

Szczur

Ratte

Kot

Katze

Mysz

Maus

Osioł

Ochse

Pies

Hund

Buda dla psa

Hundehütte

Wąż ogrodowy

Gartenschlauch

Konewka

Gießkanne

Kosa

Sense

Pług

Pflug

Sierp

Sichel

Graca

Hacke

Widły

Mistgabel

Siekiera

Axt

Taczka

Schubkarre

Koryto

Trog

Kanka na mleko

Milchkanne

Worek

Sack

Płot

Zaun

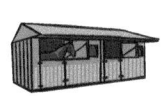

Stajnia

Stall

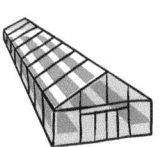

Szklarnia

Treibhaus

Ziemia

Boden

Nasiona

Saat

Nawóz

Dünger

Kombajn zbożowy

Mähdrescher

zbierać

ernten

Żniwa

Ernte

Podchrzyn

Yamswurzel

Pszenica

Weizen

Soja

Soja

Ziemniak

Kartoffel

Kukurydza

Mais

Rzepak

Raps

Drzewo owocowe

Obstbaum

Maniok

Maniok

Zboże

Getreide

Dom
Haus

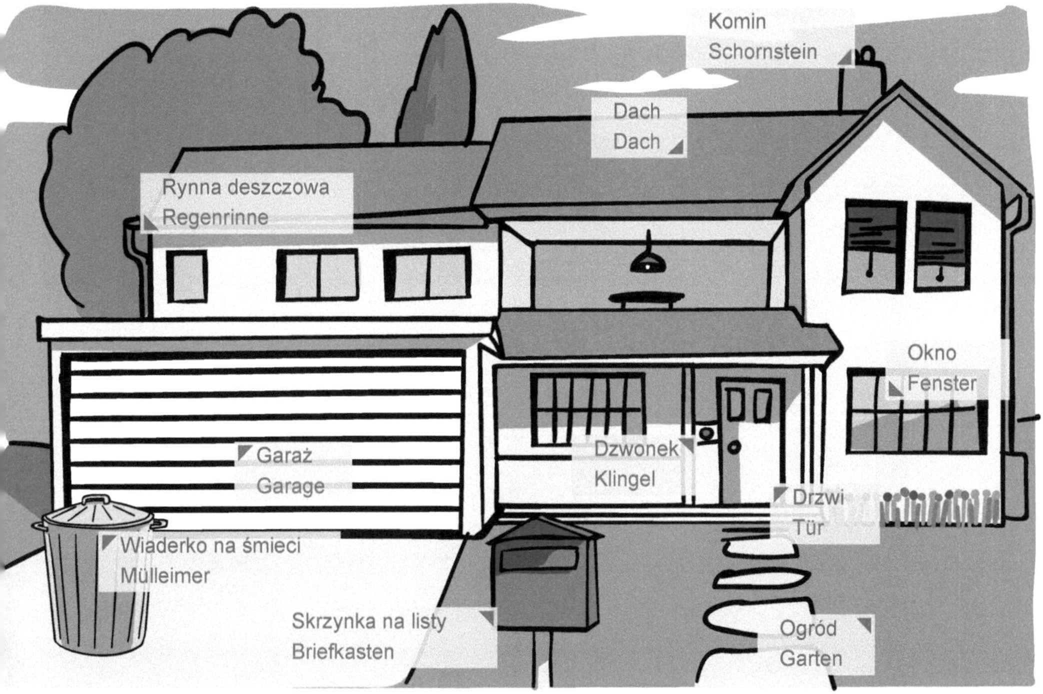

Komin
Schornstein
Dach
Dach
Rynna deszczowa
Regenrinne
Okno
Fenster
Garaż
Garage
Dzwonek
Klingel
Drzwi
Tür
Wiaderko na śmieci
Mülleimer
Skrzynka na listy
Briefkasten
Ogród
Garten

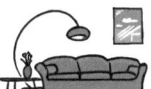

Pokój dzienny

Wohnzimmer

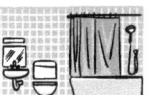

Łazienka

Badezimmer

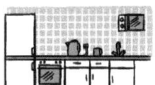

Kuchnia

Küche

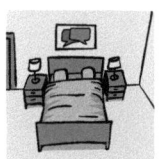

Sypialnia

Schlafzimmer

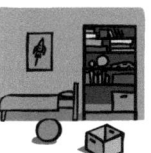

Pokój dziecięcy

Kinderzimmer

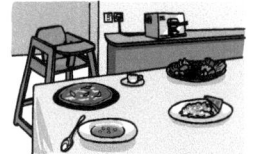

Jadalnia

Esszimmer

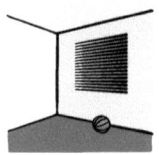

Ziemia

Boden

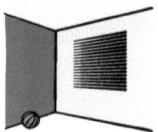

Ściana

Wand

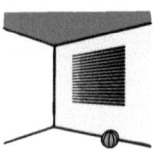

Koc

Decke

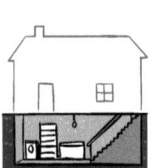

Piwnica

Keller

Sauna

Sauna

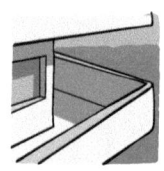

Balkon

Balkon

Taras

Terrasse

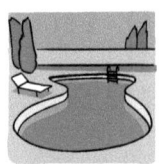

Basen

Schwimmbad

Kosiarka do trawy

Rasenmäher

Poszwa

Bettbezug

Kołdra

Bettdecke

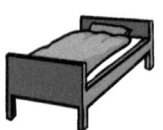

Łóżko

Bett

Miotła

Besen

Wiadro

Eimer

Włącznik

Schalter

Pokój dzienny
Wohnzimmer

Tapeta
Tapete
Obraz
Bild
Lampa
Lampe
Regał
Regal
Szafa
Schrank
Telewizor
Fernseher
Komin
Kamin
Kwiat
Blume
Poduszka
Kissen
Kanapa
Sofa
Wazon
Vase
Pilot
Fernbedienung

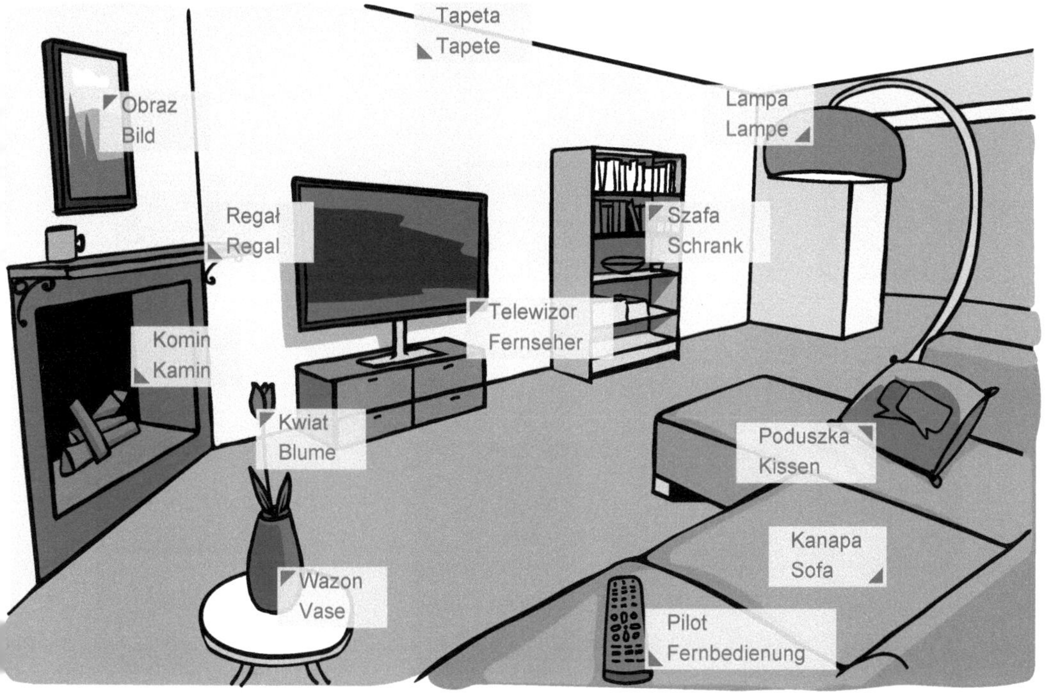

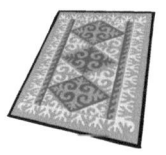

Dywan

Teppich

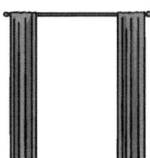

Zasłona

Vorhang

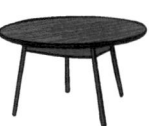

Stół

Tisch

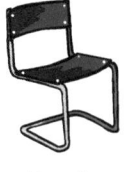

Krzesło

Stuhl

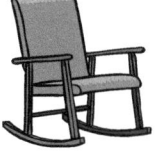

Bujak

Schaukelstuhl

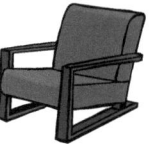

Fotel

Sessel

Książka

Buch

Sufit

Decke

Dekoracja

Dekoration

Drewno kominkowe

Feuerholz

Film

Film

Instalacja stereo

Stereoanlage

Klucz

Schlüssel

Gazeta

Zeitung

Malunek

Gemälde

Plakat

Poster

Radio

Radio

Notatnik

Notizblock

Odkurzacz

Staubsauger

Kaktus

Kaktus

Świeczka

Kerze

Kuchnia
Küche

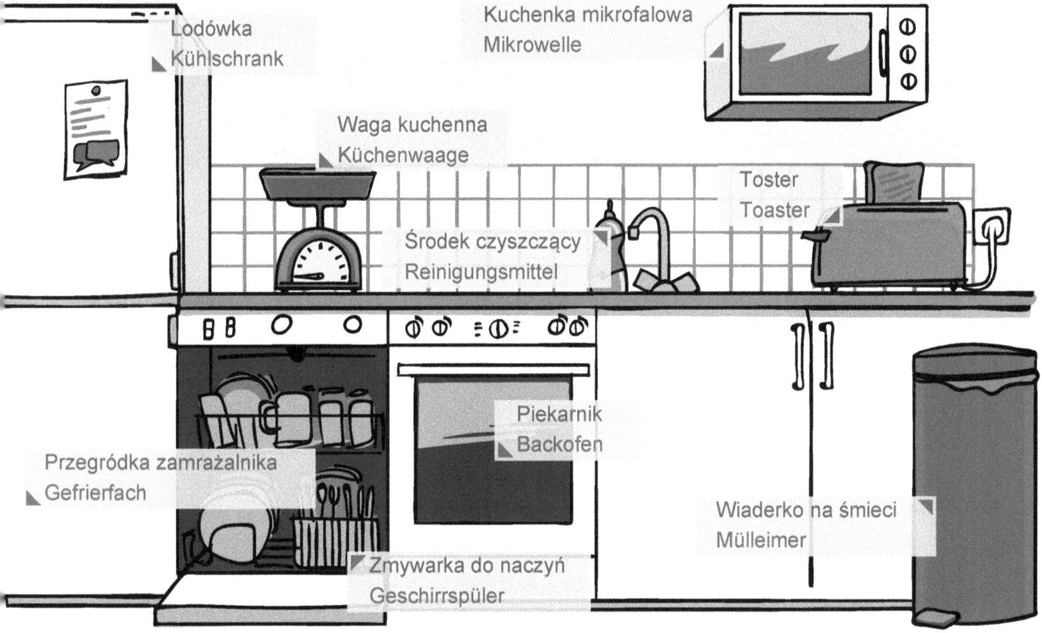

Lodówka
Kühlschrank
Kuchenka mikrofalowa
Mikrowelle
Waga kuchenna
Küchenwaage
Toster
Toaster
Środek czyszczący
Reinigungsmittel
Piekarnik
Backofen
Przegródka zamrażalnika
Gefrierfach
Wiaderko na śmieci
Mülleimer
Zmywarka do naczyń
Geschirrspüler

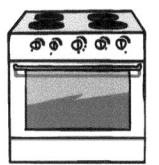

Kuchenka

Herd

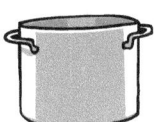

Garnek

Topf

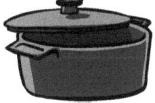

Kocioł żeliwny

Eisentopf

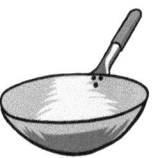

Wok / Kadai

Wok / Kadai

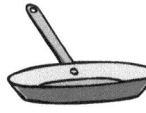

Patelnia

Pfanne

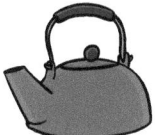

Czajnik

Wasserkocher

Parowar

Dampfgarer

Blacha do pieczenia

Backblech

Naczynia kuchenne

Geschirr

Kubek

Becher

Miska

Schale

Pałeczki

Essstäbchen

Nabierka

Suppenkelle

Łopatka do smażenia

Pfannenwender

Trzepaczka do śmietany

Schneebesen

Cedzak

Kochsieb

Sitko

Sieb

Tarka

Reibe

Moździerz

Mörser

Grillowanie

Grill

Palenisko

Feuerstelle

Deska

Schneidebrett

Wałek do ciasta

Nudelholz

Korkociąg

Korkenzieher

Puszka

Dose

Otwieracz do puszek

Dosenöffner

Ściereczka do trzymania garnka

Topflappen

Umywalka

Waschbecken

Szczotka

Bürste

Gąbka

Schwamm

Mikser

Mixer

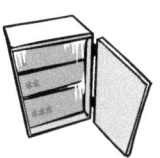

Zamrażarka

Gefriertruhe

Butelka dla niemowlęcia

Babyflasche

Kran

Wasserhahn

Łazienka

Badezimmer

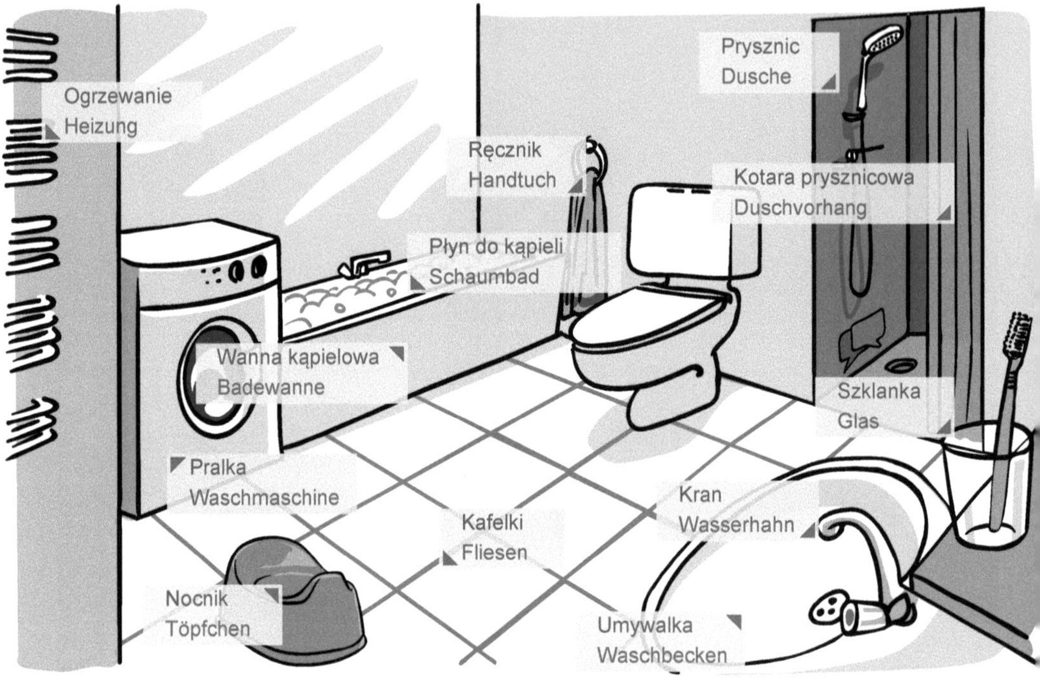

Prysznic
Dusche

Ogrzewanie
Heizung

Ręcznik
Handtuch

Kotara prysznicowa
Duschvorhang

Płyn do kąpieli
Schaumbad

Wanna kąpielowa
Badewanne

Szklanka
Glas

Pralka
Waschmaschine

Kran
Wasserhahn

Kafelki
Fliesen

Nocnik
Töpfchen

Umywalka
Waschbecken

Toaleta

Toilette

Toaleta kuczna

Hocktoilette

Bidet

Bidet

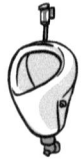

Pisuar

Pissoir

Papier toaletowy

Toilettenpapier

Szczotka toaletowa

Toilettenbürste

Szczoteczka do zębów

Zahnbürste

Pasta do zębów

Zahnpasta

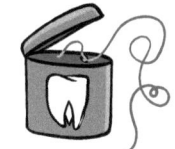

Nitki do czyszczenia zębów

Zahnseide

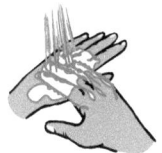

myć

waschen

Głowica prysznicowa

Handbrause

Płyn kąpielowy do higieny intymnej

Intimdusche

Miska do mycia

Waschschüssel

Szczotka kąpielowa

Rückenbürste

Mydło

Seife

Żel prysznicowy

Duschgel

Szampon

Shampoo

Rękawica kąpielowa

Waschlappen

Odpływ

Abfluss

Krem

Creme

Dezodorant

Deodorant

Lustro

Spiegel

Lustro kosmetyczne

Kosmetikspiegel

Golarka

Rasierer

Pianka do golenia

Rasierschaum

Woda po goleniu

Rasierwasser

Grzebień

Kamm

Szczotka

Bürste

Suszarka do włosów

Föhn

Spray do włosów

Haarspray

Makijaż

Makeup

Pomadka

Lippenstift

Lakier do paznokci

Nagellack

Wata

Watte

Nożyczki do paznokci

Nagelschere

Perfum

Parfum

Kosmetyczka

Kulturbeutel

Taboret

Hocker

Waga

Waage

Szlafrok kąpielowy

Bademantel

Rękawice gumowe

Gummihandschuhe

Tampon

Tampon

Podpaska damska

Damenbinde

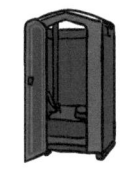

Toaleta chemiczna

Chemietoilette

Pokój dziecięcy
Kinderzimmer

Budzik
Wecker
Pluszowa przytulanka
Kuscheltier
Samochodzik
Spielzeugauto
Grzechotka
Rassel
Domek dla lalek
Puppenhaus
Prezent
Geschenk

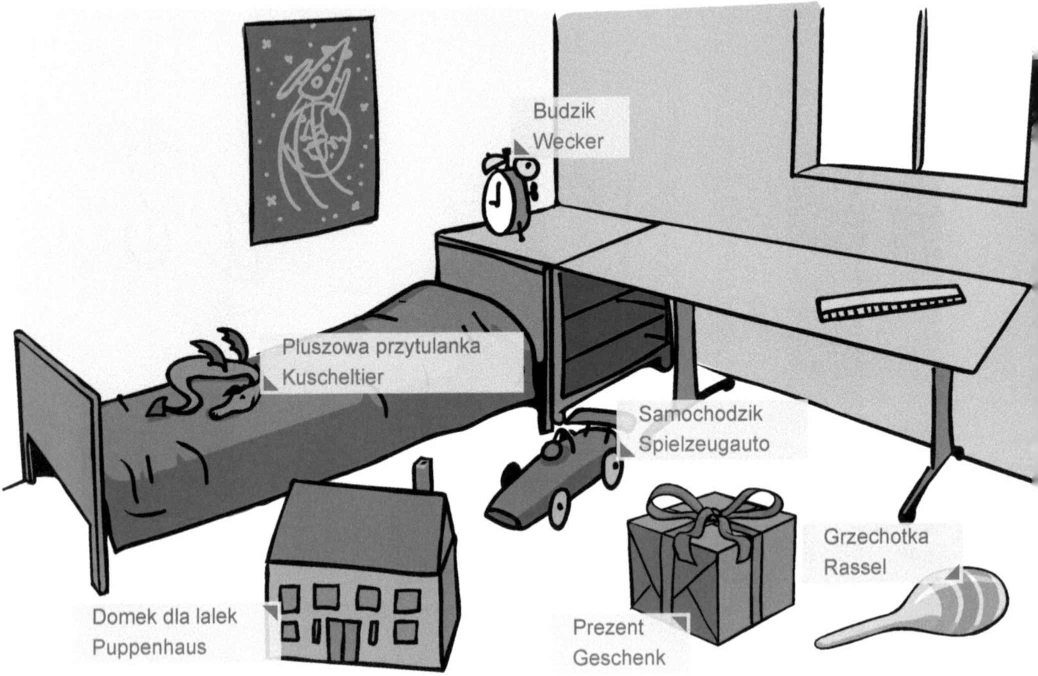

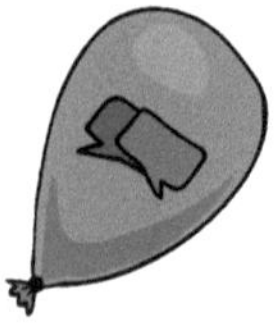

Balon

Ballon

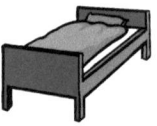

Łóżko

Bett

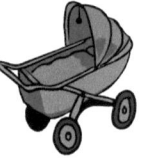

Wózek dziecięcy

Kinderwagen

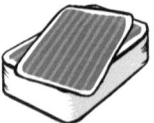

Gra w karty

Kartenspiel

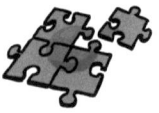

Puzzle

Puzzle

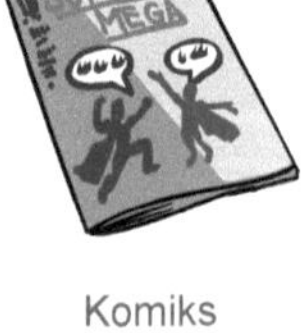

Komiks

Comic

Klocki lego

Legosteine

Klocki

Bausteine

Action figura

Action Figur

Śpioszek dziecięcy

Strampelanzug

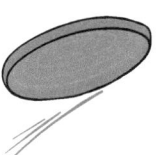

Frisbee

Frisbee

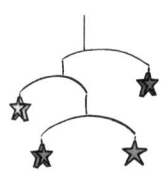

Zabawki ruchome

Mobile

Gra planszowa

Brettspiel

Kości

Würfel

Kolejka elektryczna

Modelleisenbahn

Smoczek

Schnuller

Przyjęcie

Party

Książka z ilustracjami

Bilderbuch

Piłka

Ball

Lalka

Puppe

bawić się

spielen

Piaskownica

Sandkasten

Huśtawka

Schaukel

Zabawki

Spielzeug

Konsola do gier

Spielkonsole

Rowerek trójkołowy

Dreirad

Pluszowy miś

Teddy

Szafa ubraniowa

Kleiderschrank

Ubiór

Kleidung

Skarpety

Socken

Pończochy

Strümpfe

Rajstopy

Strumpfhose

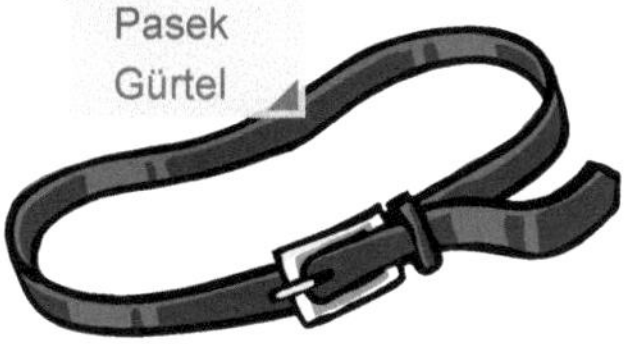

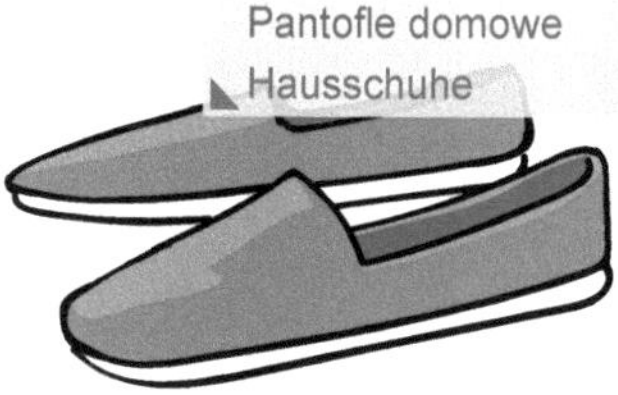

Szal
Schal

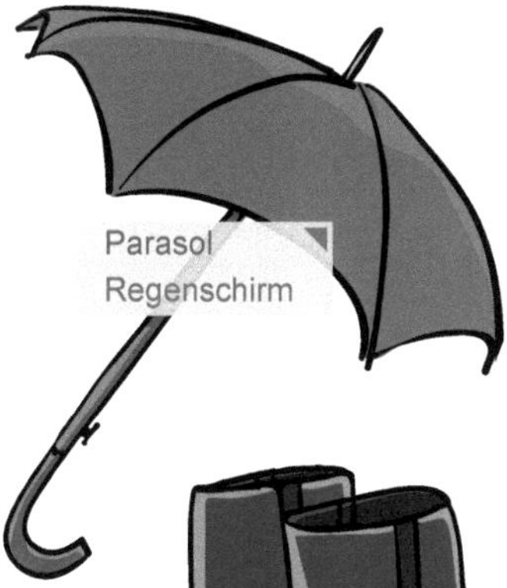

Parasol
Regenschirm

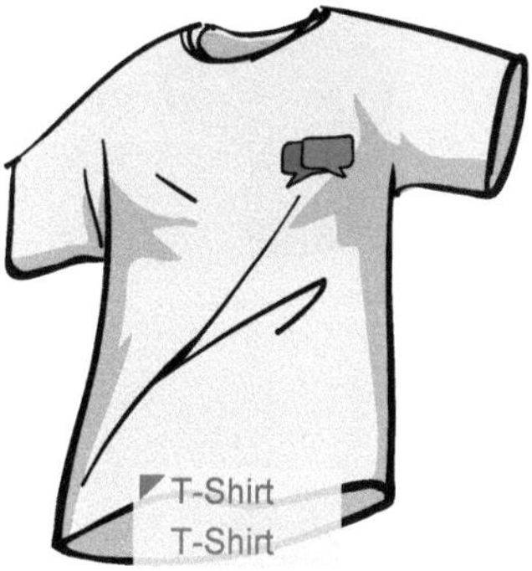

Pasek
Gürtel

T-Shirt
T-Shirt

Kozaki
Stiefel

Pantofle domowe
Hausschuhe

Obuwie sportowe
Turnschuhe

Sandały
....
Sandalen

Buty
....
Schuhe

Kalosze
....
Gummistiefel

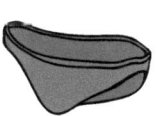

Majtki
....
Unterhose

Biustonosz
....
Büstenhalter

Podkoszulek
....
Unterhemd

Body
Body

Spodnie
Hose

Dżins
Jeans

Spódnica
Rock

Bluzka
Bluse

Koszula
Hemd

Pulower
Pullover

Bluza sportowa
Kapuzenpullover

Marynarka
Blazer

Kurtka
Jacke

Płaszcz
Mantel

Płaszcz przeciwdeszczowy
Regenmantel

Kostium
Kostüm

Sukienka
Kleid

Suknia ślubna
Hochzeitskleid

Garnitur męski

Anzug

Koszula nocna

Nachthemd

Piżama

Schlafanzug

Sari

Sari

Chusta na głowę

Kopftuch

Turban

Turban

Burka

Burka

Kaftan

Kaftan

Abaya

Abaya

Strój kąpielowy

Badeanzug

Kąpielówki

Badehose

Krótkie spodnie

Kurze Hose

Dres sportowy

Trainingsanzug

Fartuch

Schürze

Rękawiczki

Handschuhe

Guzik

Knopf

Okulary

Brille

Bransoletka

Armband

Łańcuszek

Halskette

Pierścionek

Ring

Kolczyk

Ohrring

Czapka

Mütze

Wieszak

Kleiderbügel

Kapelusz

Hut

Krawat

Krawatte

Zamek błyskawiczny

Reißverschluss

Kask

Helm

Szelki

Hosenträger

Mundurek szkolny

Schuluniform

Mundur

Uniform

Śliniaczek

Lätzchen

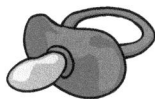

Smoczek

Schnuller

Pieluszka

Windel

Biuro
Büro

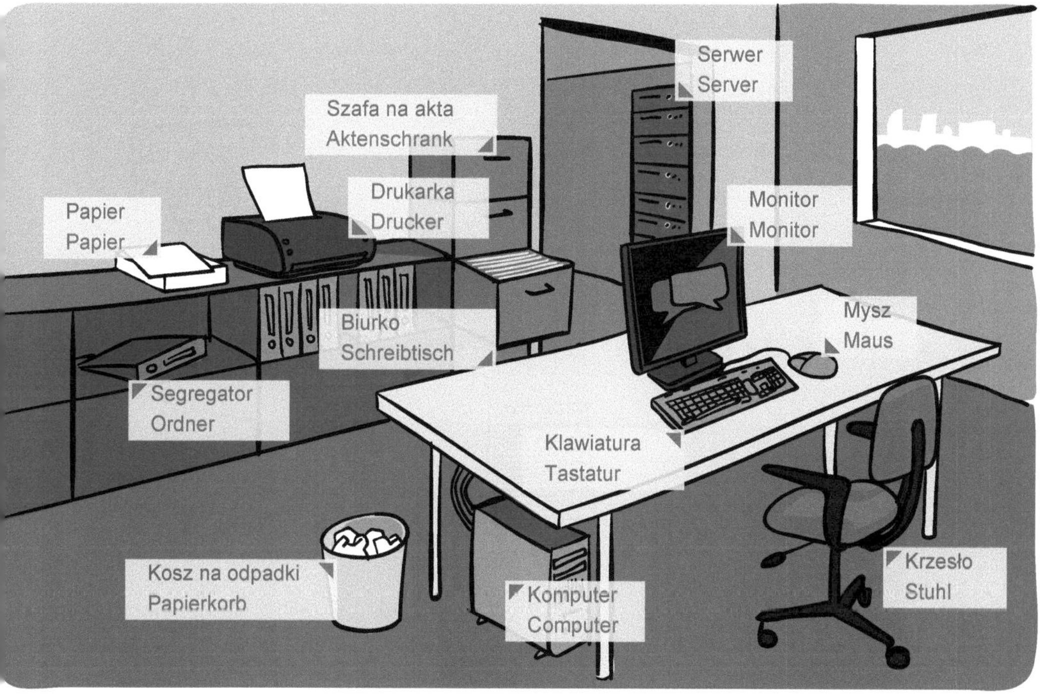

Serwer
Server

Szafa na akta
Aktenschrank

Drukarka
Drucker

Papier
Papier

Monitor
Monitor

Biurko
Schreibtisch

Mysz
Maus

Segregator
Ordner

Klawiatura
Tastatur

Kosz na odpadki
Papierkorb

Komputer
Computer

Krzesło
Stuhl

Filiżanka do kawy

Kaffeebecher

Kalkulator

Taschenrechner

Internet

Internet

Laptop
Laptop

List
Brief

Wiadomość
Nachricht

Komórka
Handy

Sieć
Netzwerk

Kopiarka
Kopierer

Oprogramowanie
Software

Telefon
Telefon

Gniazdko
Steckdose

Faks
Fax

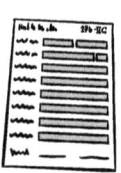

Formularz
Formular

Dokument
Dokument

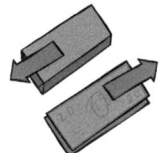

kupić

kaufen

płacić

bezahlen

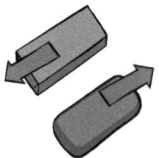

postępować

handeln

Pieniądze

Geld

 USD

Dolar

Dollar

 EUR

Euro

Euro

JPY

Jen

Yen

RUB

Rubel

Rubel

CHF

Frank

Franken

CNY

Juan Renminbi

Renminbi Yuan

INR

Rupia

Rupie

Bankomat

Geldautomat

Kantor wymiany walut

Wechselstube

Złoto

Gold

Srebro

Silber

Olej

Öl

Energia

Energie

Cena

Preis

Umowa

Vertrag

Podatek

Steuer

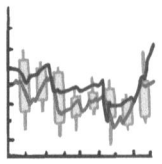

Akcja

Aktie

pracować

arbeiten

Pracownik umysłowy

Angestellter

Pracodawca

Arbeitgeber

Fabryka

Fabrik

Sklep

Geschäft

Zawody
Berufe

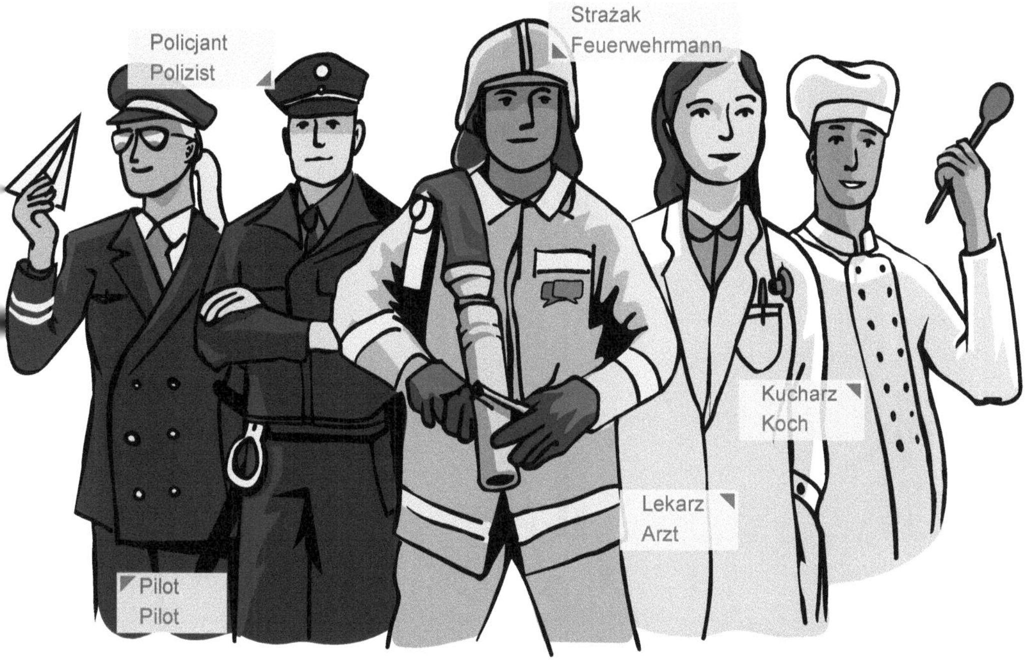
Policjant
Polizist
Strażak
Feuerwehrmann
Kucharz
Koch
Lekarz
Arzt
Pilot
Pilot

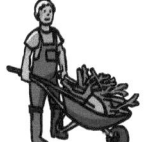

Ogrodnik

Gärtner

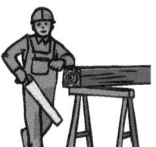

Stolarz

Tischler

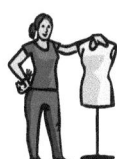

Krawcowa

Näherin

Sędzia

Richter

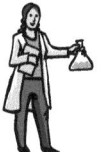

Chemik

Chemiker

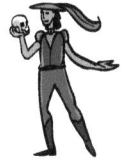

Aktor

Schauspieler

Kierowca autobusu

Busfahrer

Taksówkarz

Taxifahrer

Fischer

Fischer

Sprzątaczka

Putzfrau

Dekarz

Dachdecker

Kelner

Kellner

Myśliwy

Jäger

Malarz

Maler

Piekarz

Bäcker

Elektryk

Elektriker

Robotnik budowlany

Bauarbeiter

Inżynier

Ingenieur

Rzeźnik

Schlachter

Instalator

Klempner

Listonosz

Postbote

Żołnierz

Soldat

Architekt

Architekt

Kasjer

Kassierer

Florysta

Florist

Fryzjer

Friseur

Konduktor

Schaffner

Mechanik

Mechaniker

Kapitan

Kapitän

Dentysta

Zahnarzt

Naukowiec

Wissenschaftler

Rabin

Rabbi

Imam

Imam

Mnich

Mönch

Proboszcz

Geistlicher

Narzędzia
Werkzeuge

Młotek
Hammer
Szczypce
Zange
Wkrętak
Schraubendreher
Klucz do śrub
Schraubenschlüssel
Latarka
Taschenlampe

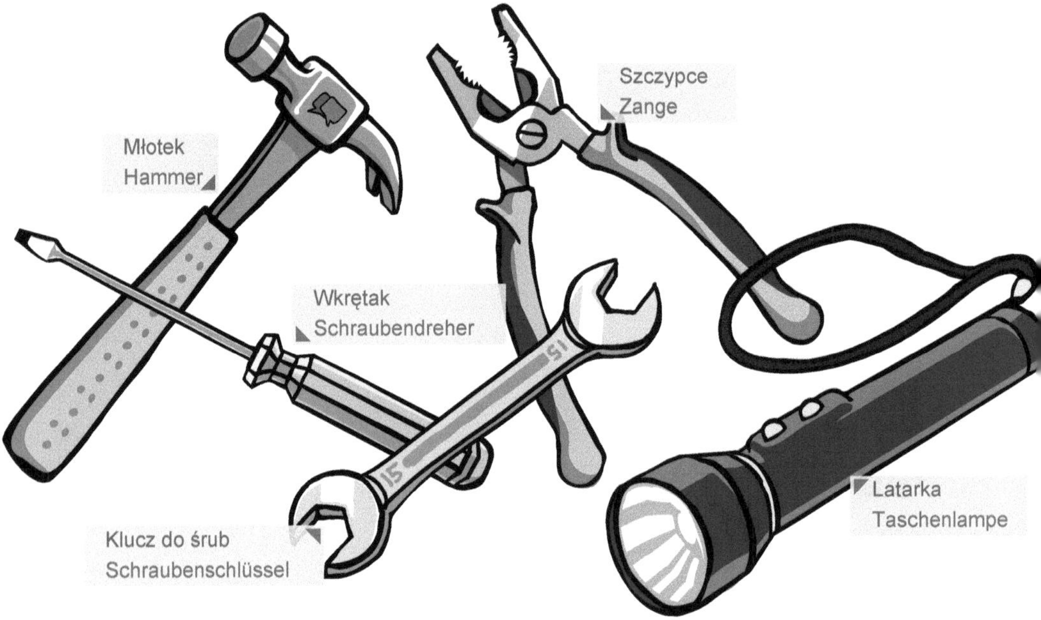

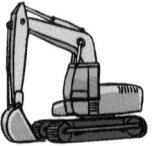

Koparka

Bagger

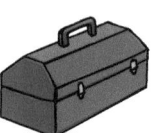

Skrzynka narzędziowa

Werkzeugkasten

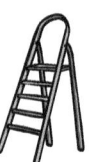

Drabina

Leiter

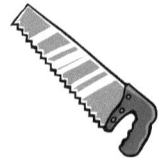

Piła

Säge

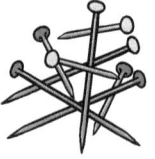

Gwoździe

Nägel

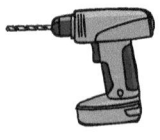

Wiertło

Bohrer

naprawić

reparieren

Łopatka

Schaufel

Cholera!

Mist!

Szufelka

Kehrblech

Puszka z farbą

Farbtopf

Śruby

Schrauben

Instrumenty muzyczne
Musikinstrumente

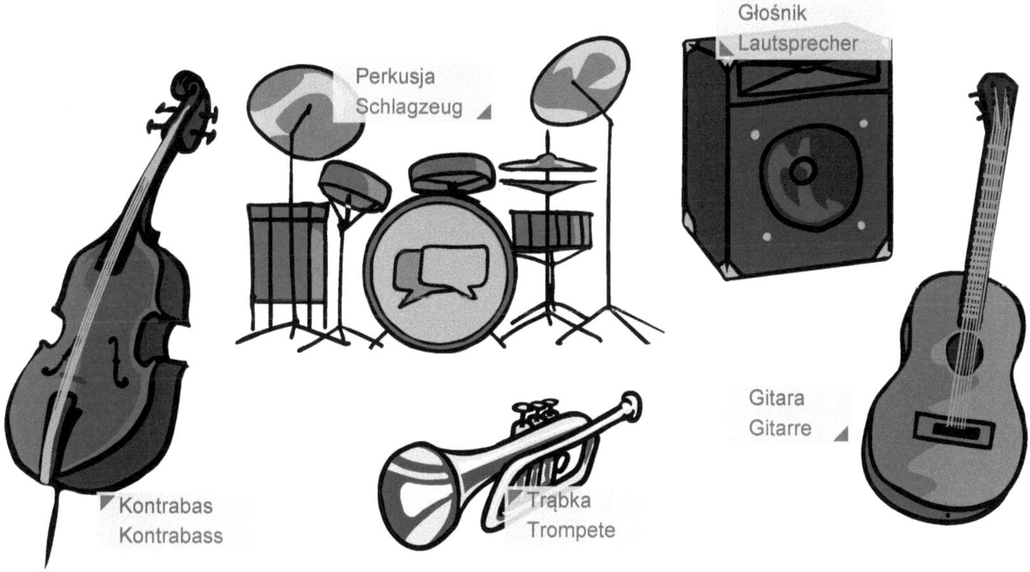

Głośnik
Lautsprecher

Perkusja
Schlagzeug

Gitara
Gitarre

Kontrabas
Kontrabass

Trąbka
Trompete

Pianino

Klavier

Skrzypce

Violine

Bas

Bass

Kotły

Pauke

Bęben

Trommeln

Keyboard

Keyboard

Saksofon

Saxophon

Flet

Flöte

Mikrofon

Mikrofon

Zoo
Zoo

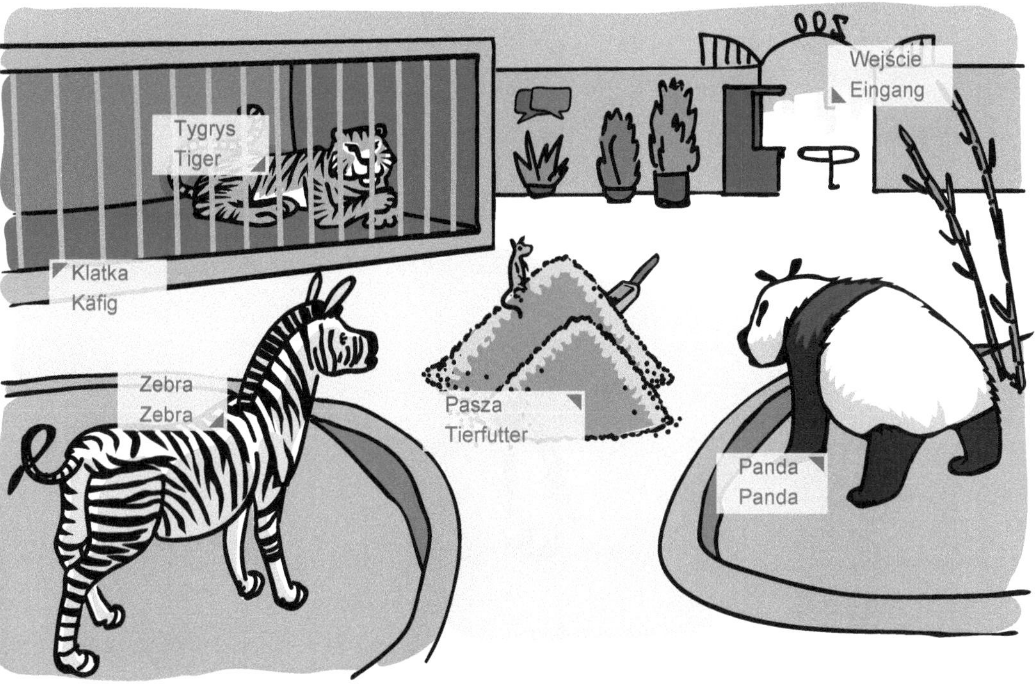
Wejście
Eingang
Tygrys
Tiger
Klatka
Käfig
Zebra
Zebra
Pasza
Tierfutter
Panda
Panda

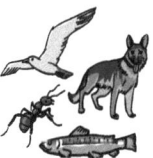

Zwierzęta

Tiere

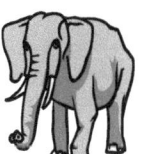

Słoń

Elefant

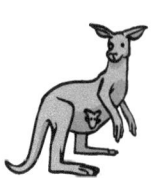

Kangur

Känguru

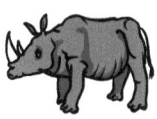

Nosorożec

Nashorn

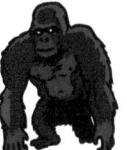

Goryl

Gorilla

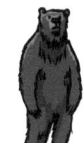

Niedźwiedź

Bär

Wielbłąd

Kamel

Struś

Strauß

Lew

Löwe

Małpa

Affe

Fleming

Flamingo

Papuga

Papagei

Niedźwiedź polarny

Eisbär

Pingwin

Pinguin

Rekin

Hai

Paw

Pfau

Wąż

Schlange

Krokodyl

Krokodil

Dozorca w zoo

Zoowärter

Foka

Robbe

Jaguar

Jaguar

Kucyk

Pony

Gepard

Leopard

Hipopotam

Nilpferd

Żyrafa

Giraffe

Orzeł

Adler

Dzik

Wildschwein

Ryba

Fisch

Żółw

Schildkröte

Mors

Walross

Lis

Fuchs

Gazela

Gazelle

Zoo - Zoo

Futbol amerykański
American Football

Kolarstwo
Radfahren

Tenis
Tennis

Koszykówka
Basketball

Pływanie
Schwimmen

Boks
Boxen

Hokej na lodzie
Eishockey

Piłka nożna
Fußball

Badminton
Badminton

Lekka atletyka
Leichtathletik

Piłka ręczna
Handball

Narciarstwo
Skilaufen

Polo
Polo

śmiać się
lachen

skakać
springen

objąć
umarmen

iść
gehen

śpiewać
singen

marzyć
träumen

modlić się
beten

całować
küssen

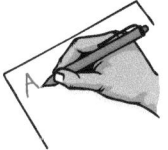

pisać
schreiben

rysować
zeichnen

pokazywać
zeigen

nacisnąć
drücken

dać
geben

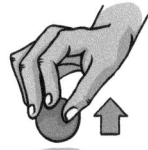

wziąć
nehmen

mieć

haben

robić

tun

być

sein

stać

stehen

biegać

laufen

ciągnąć

ziehen

rzucać

werfen

spaść

fallen

leżeć

liegen

czekać

warten

nosić

tragen

siedzieć

sitzen

zakładać

anziehen

spać

schlafen

budzić się

aufwachen

spojrzeć

ansehen

płakać

weinen

głaskać

streicheln

czesać się

kämmen

mówić

reden

rozumieć

verstehen

pytać

fragen

słyszeć

hören

pić

trinken

jeść

essen

sprzątać

aufräumen

kochać

lieben

gotować

kochen

jechać

fahren

latać

fliegen

żeglować

segeln

liczyć

rechnen

czytać

lesen

uczyć się

lernen

pracować

arbeiten

wejść w związek małżeński

heiraten

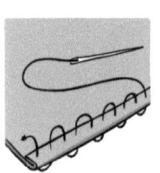

szyć

nähen

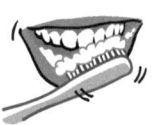

myć zęby

Zähne putzen

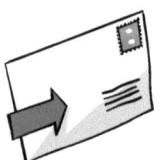

zabić

töten

palić tytoń

rauchen

wysłać

senden

Babcia
Großmutter

Dziadek
Großvater

Ojciec
Vater

Matka
Mutter

Niemowlę
Baby

Córka
Tochter

Syn
Sohn

Gość

Gast

Ciotka

Tante

Wujek

Onkel

Brat

Bruder

Siostra

Schwester

Ciało

Körper

Czoło
Stirn
Oko
Auge
Ramię
Schulter
Palec
Finger
Twarz
Gesicht
Broda
Kinn
Ręka
Hand
Noga
Bein
Pierś
Brust
Ramię
Arm

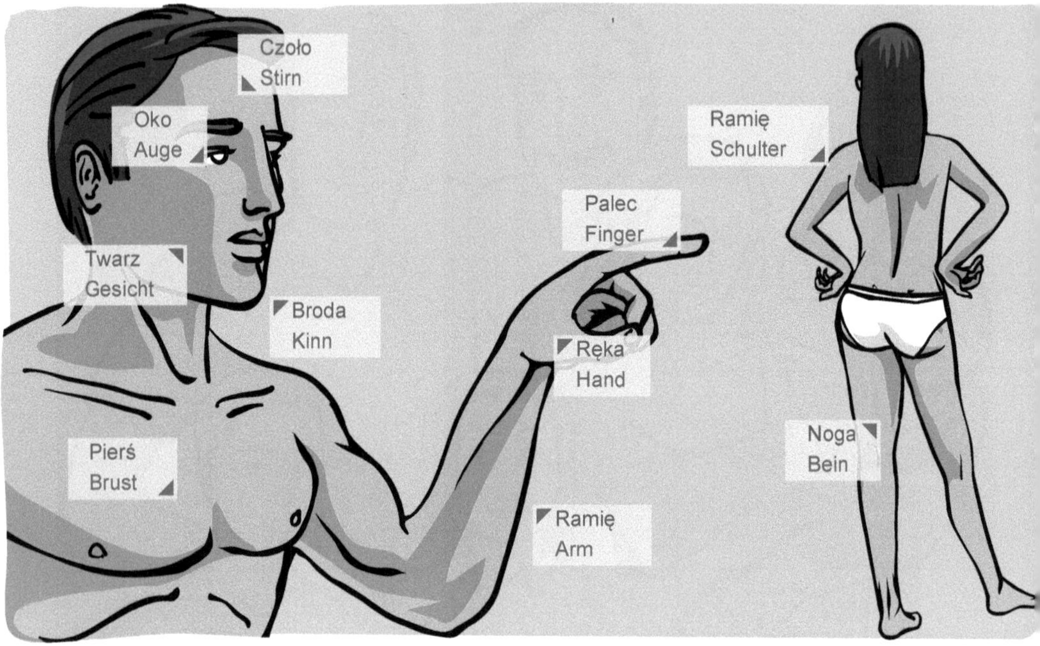

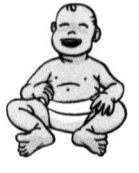

Niemowlę

Baby

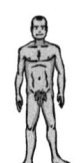

Mężczyzna

Mann

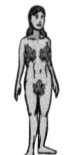

Kobieta

Frau

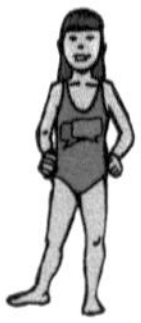

Dziewczyna

Mädchen

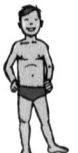

Chłopiec

Junge

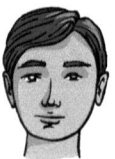

Głowa

Kopf

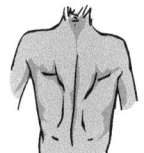

Plecy

Rücken

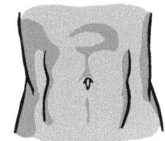

Brzuch

Bauch

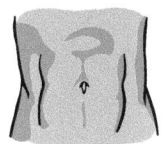

Pępek

Nabel

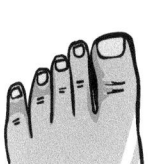

palec nogi

Zeh

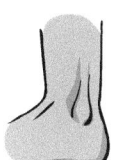

Pięta

Ferse

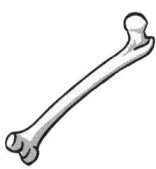

Kość

Knochen

Biodro

Hüfte

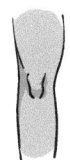

Kolano

Knie

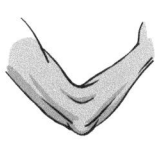

Łokieć

Ellenbogen

Nos

Nase

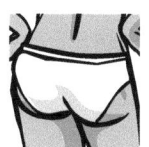

Pośladki

Gesäß

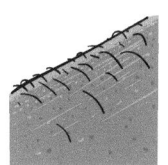

Skóra

Haut

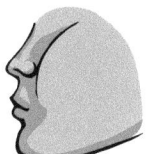

Policzek

Wange

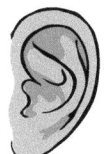

Uszy

Ohr

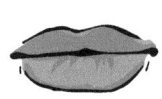

Warga

Lippe

Usta

Mund

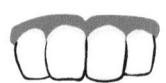

Ząb

Zahn

Język

Zunge

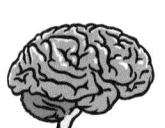

Mózg

Gehirn

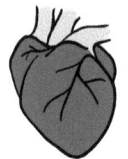

Serce

Herz

Mięsień

Muskel

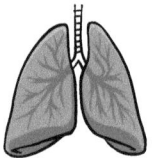

Płuca

Lunge

Wątroba

Leber

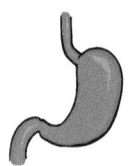

Żołądek

Magen

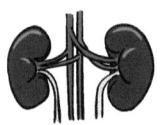

Nerki

Nieren

Stosunek płciowy

Geschlechtsverkehr

Kondom

Kondom

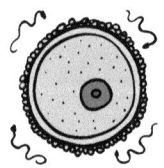

Komórka jajowa

Eizelle

Sperma

Sperma

Ciąża

Schwangerschaft

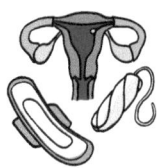

Menstruacja

Menstruation

Wagina

Vagina

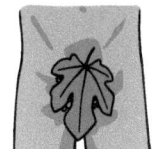

Penis

Penis

Brew

Augenbraue

Włosy

Haar

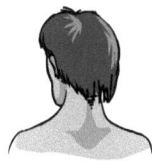

Szyja

Hals

Szpital
Krankenhaus

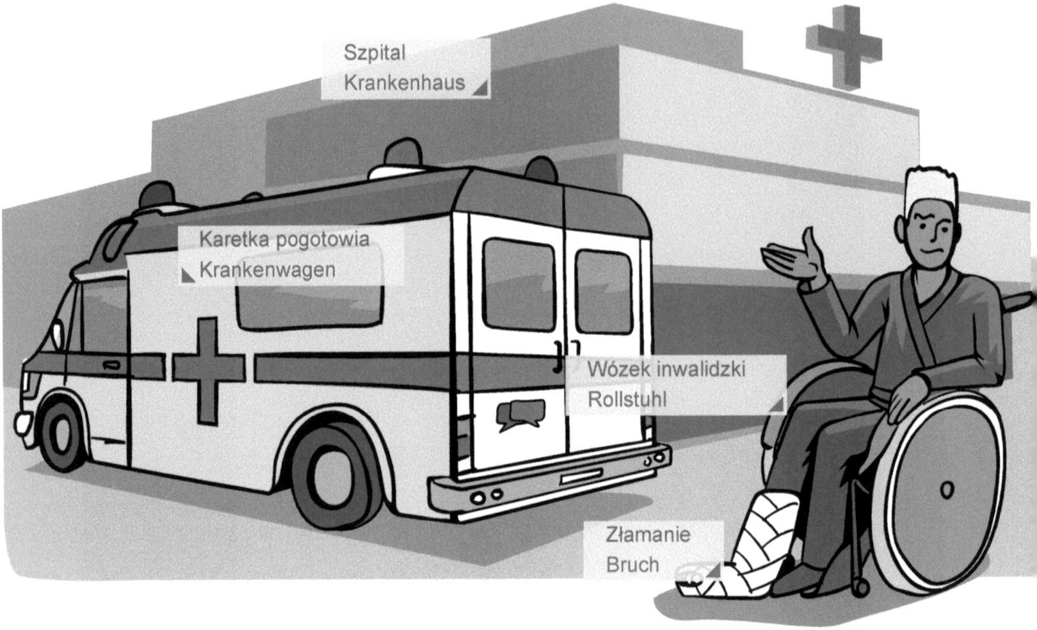

Szpital
Krankenhaus
Karetka pogotowia
Krankenwagen
Wózek inwalidzki
Rollstuhl
Złamanie
Bruch

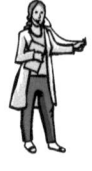

Lekarz

Arzt

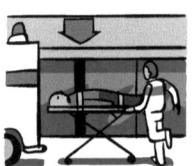

Izba przyjęć

Notaufnahme

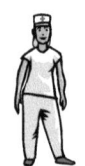

Pielęgniarka

Krankenschwester

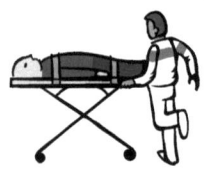

Nagły przypadek

Notfall

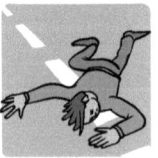

nieprzytomny

ohnmächtig

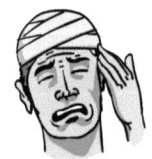

Ból

Schmerz

Skaleczenie

Verletzung

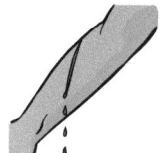

Krwawienie

Blutung

Zawał serca

Herzinfarkt

Udar mózgu

Schlaganfall

Alergia

Allergie

Kaszleć

Husten

Gorączka

Fieber

Grypa

Grippe

Biegunka

Durchfall

Ból głowy

Kopfschmerzen

Rak

Krebs

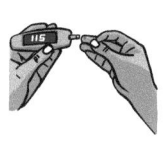

Cukrzyca

Diabetis

Chirurg

Chirurg

Skalpel

Skalpell

Operacja

Operation

CT
CT

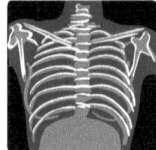

Rentgen
Röntgen

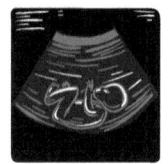

Ultradźwięki
Ultraschall

Maska
Maske

Choroba
Krankheit

Poczekalnia
Wartezimmer

Kula
Krücke

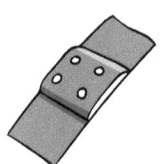

Plaster
Pflaster

Opatrunek
Verband

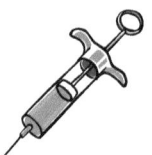

Iniekcja
Injektion

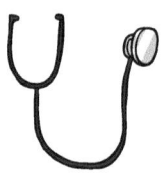

Stetoskop
Stethoskop

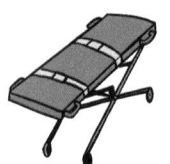

Nosze
Trage

Termometr
Thermometer

Poród
Geburt

Nadwaga
Übergewicht

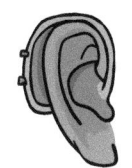

Aparat słuchowy

Hörgerät

Środek dezynfekcyjny

Desinfektionsmittel

Infekcja

Infektion

Wirus

Virus

HIV / AIDS

HIV / AIDS

Medycyna

Medizin

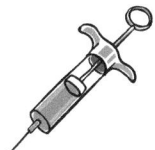

Szczepienie

Impfung

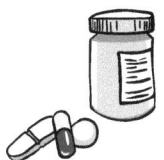

Tabletki

Tabletten

Pigułka

Pille

Telefon ratunkowy

Notruf

Ciśnieniomierz krwi

Blutdruck-Messgerät

chory / zdrowy

krank / gesund

Pomocy!

Hilfe!

Alarm

Alarm

Napad

Überfall

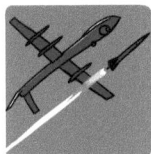

Atak

Angriff

Niebezpieczeństwo

Gefahr

Wyjście awaryjne

Notausgang

Pożar!

Feuer!

Gaśnica

Feuerlöscher

Wypadek

Unfall

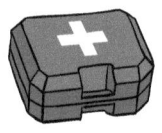

Walizeczka pierwszej pomocy

Erste-Hilfe-Koffer

SOS

SOS

Policja

Polizei

Europa

Europa

Ameryka Północna

Nordamerika

Ameryka Południowa

Südamerika

Afryka

Afrika

Azja

Asien

Australia

Australien

Atlantyk

Atlantik

Pacyfik

Pazifik

Ocean Indyjski

Indischer Ozean

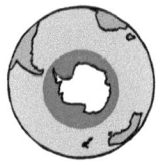

Ocean Antarktyczny

Antarktischer Ozean

Ocean Arktyczny

Arktischer Ozean

Biegun północny

Nordpol

Biegun południowy

Südpol

Antarktyda

Antarktis

Ziemia

Erde

Kraj

Land

Morze

Meer

Wyspa

Insel

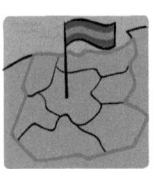

Naród

Nation

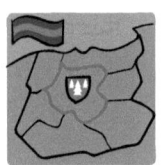

Państwo

Staat

Cyferblat

Zifferblatt

Wskazówka godzinowa

Stundenzeiger

Wskazówka minutowa

Minutenzeiger

Wskazówka sekundowa

Sekundenzeiger

Która godzina?

Wie spät ist es?

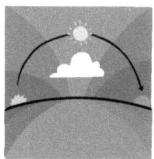

Dzień

Tag

Czas

Zeit

teraz

jetzt

Zegarek digitalny

Digitaluhr

Minuta

Minute

Godzina

Stunde

Tydzień
Woche

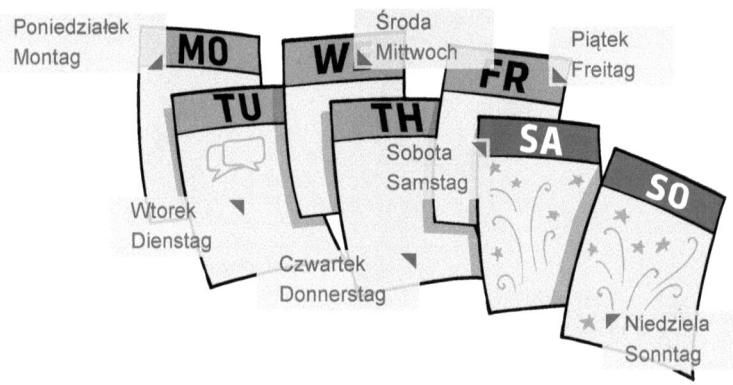

Poniedziałek / Montag
Wtorek / Dienstag
Środa / Mittwoch
Czwartek / Donnerstag
Piątek / Freitag
Sobota / Samstag
Niedziela / Sonntag

wczoraj
gestern

dzisiaj
heute

jutro
morgen

Rano
Morgen

Południe
Mittag

Wieczór
Abend

Dni robocze
Arbeitstage

Weekend
Wochenende

Deszcz
Regen

Tęcza
Regenbogen

Śnieg
Schnee

Wiatr
Wind

Wiosna
Frühling

Jesień
Herbst

Lato
Sommer

Zima
Winter

4.APRIL	11°	☀
5.APRIL	4°	⛅
6.APRIL	13°	☔
7.APRIL	8°	☀
8.APRIL	10°	☀

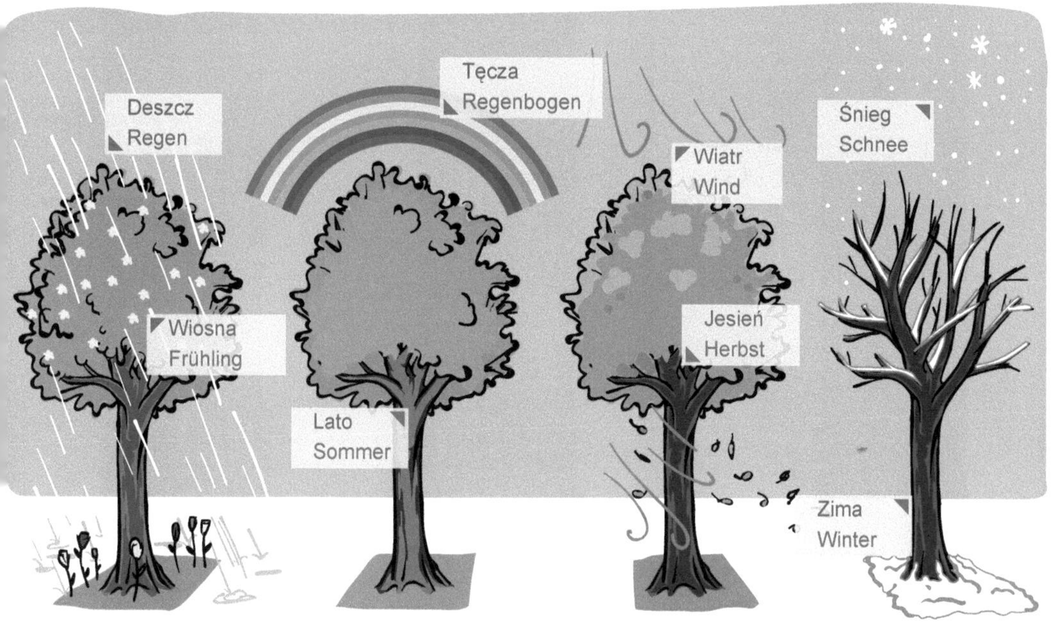

Prognoza pogody

Wettervorhersage

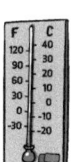

Termometr

Thermometer

Światło słoneczne

Sonnenschein

Chmura

Wolke

Mgła

Nebel

Wilgotność powietrza

Luftfeuchtigkeit

Błyskawica

Blitz

Grzmot

Donner

Sztorm

Sturm

Grad

Hagel

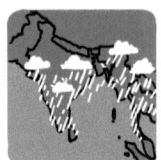

Monsun

Monsun

Potop

Flut

Lód

Eis

Styczeń

Januar

Luty

Februar

Marzec

März

Kwiecień

April

Maj

Mai

Czerwiec

Juni

Lipiec

Juli

Sierpień

August

Wrzesień

September

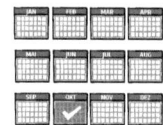

Październik

Oktober

Listopad

November

Grudzień

Dezember

Kształty
Formen

Koło

Kreis

Kwadrat

Quadrat

Prostokąt

Rechteck

Trójkąt

Dreieck

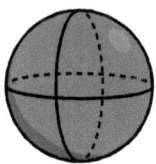

Kula

Kugel

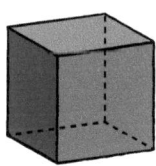

Sześcian

Würfel

Kolory
Farben

biały
....
weiß

żółty
....
gelb

pomarańczowy
....
orange

różowy
....
pink

czerwony
....
rot

liliowy
....
lila

niebieski
....
blau

zielony
....
grün

brązowy
....
braun

szary
....
grau

czarny
....
schwarz

dużo / mało

viel / wenig

wściekły / spokojny

wütend / friedlich

piękny / brzydki

hübsch / hässlich

początek / koniec

Anfang / Ende

duży / mały

groß / klein

jasny / ciemny

hell / dunkel

brat / siostra

Bruder / Schwester

czysty / brudny

sauber / schmutzig

kompletny / niekompletny

vollständig / unvollständig

dzień / noc

Tag / Nacht

umarły / żywy

tot / lebendig

szeroki / wąski

breit / schmal

jadalny / niejadalny

genießbar / ungenießbar

zły / uprzejmy

böse / freundlich

podniecony / znudzony

aufgeregt / gelangweilt

gruby / chudy

dick / dünn

najpierw / na końcu

zuerst / zuletzt

przyjaciel / wróg

Freund / Feind

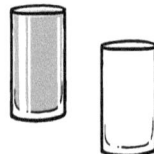

pełen / pusty

voll / leer

twardy / miękki

hart / weich

ciężki / lekki

schwer / leicht

głód / pragnienie

Hunger / Durst

chory / zdrowy

krank / gesund

nielegalny / legalny

illegal / legal

inteligentny / głupi

intelligent / dumm

lewo / prawo

links / rechts

bliski / daleki

nah / fern

nowy / używany

neu / gebraucht

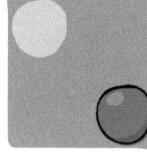

nic / coś

nichts / etwas

stary / młody

alt / jung

włącz / wyłącz

an / aus

otwarty / zamknięty

offen / geschlossen

cichy / głośny

leise / laut

bogaty / biedny

reich / arm

prawidłowy / błędny

richtig / falsch

chropowaty / gładki

rau / glatt

smutny / szczęśliwy

traurig / glücklich

krótki / długi

kurz / lang

powolny / szybki

langsam / schnell

mokry/suchy

nass / trocken

ciepły / chłodny

warm / kühl

wojna / pokój

Krieg / Frieden

0	**1**	**2**
zero	jeden	dwa
null	eins	zwei
3	**4**	**5**
trzy	cztery	pięć
drei	vier	fünf
6	**7**	**8**
sześć	siedem	osiem
sechs	sieben	acht
9	**10**	**11**
dziewięć	dziesięć	jedenaście
neun	zehn	elf

12

dwanaście

zwölf

13

trzynaście

dreizehn

14

czternaście

vierzehn

15

piętnaście

fünfzehn

16

szesnaście

sechzehn

17

siedemnaście

siebzehn

18

osiemnaście

achtzehn

19

dziewiętnaście

neunzehn

20

dwadzieścia

zwanzig

100

sto

hundert

1.000

tysiąc

tausend

1.000.000

milion

million

Angielski

Englisch

Angielski amerykański

Amerikanisches Englisch

Chiński mandaryński

Chinesisch Mandarin

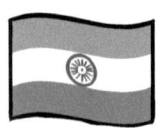

Hindi

Hindi

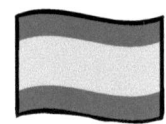

Hiszpański

Spanisch

Francuski

Französisch

Arabski

Arabisch

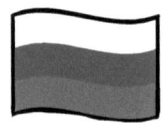

Rosyjski

Russisch

Portugalski

Portugiesisch

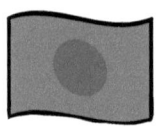

Bengalski

Bengalisch

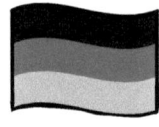

Niemiecki

Deutsch

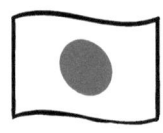

Japoński

Japanisch

ja

ich

ty

du

on / ona / ono

er / sie / es

my

wir

wy

ihr

oni

sie

kto?

wer?

co?

was?

jak?

wie?

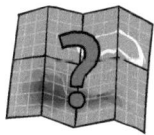

gdzie?

wo?

kiedy?

wann?

Nazwisko

Name

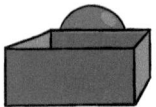

za

hinter

w

in

przed

vor

powyżej

über

na

auf

pod

unter

obok

neben

między

zwischen

Miejsce

Ort